Bolívar
Simón
un relato ilustrado
Silda Cordoliani
María Elena Maggi

Simón Bolívar, *un relato ilustrado*
Silda Cordoliani, María Elena Maggi
2002
ISBN 980-6423-79-8
Lf 545200180070

Colección Arcadia N° 10

Diseño gráfico: Metaplug CA
Ilustraciones: Leonardo Rodríguez
Impresión: Editorial Arte

LOS LIBROS DE
EL NACIONAL

Editorial CEC, SA
libros@el-nacional.com
www.el-nacional.com
Apartado Postal 209
Caracas 1010-A, Venezuela

Índice

Retratos

"Bolívar se cortó los bigotes al llegar a Colombia"

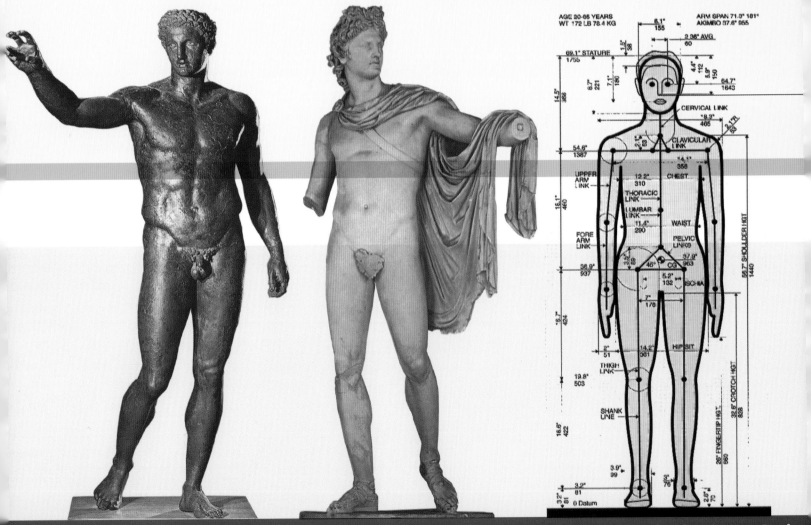

"Es más bien de baja estatura, muy delgado y de aspecto frágil"

"Su estatura es más baja que la media pero su figura es proporcionada, y su pie y tobillo muestran perfecta simetría y belleza"

El Atleta de Antykithera representa la figura y proporciones ideales del hombre

Apolo de Belvedere

Las Medidas del Hombre y la Mujer. Henry Dreyfuss. La figura representa todas las medidas antropométr del 50% de los hombres entre 25 y 50 años.

"Es un hombre bajito y delgado, con apariencia de gran actividad personal"

Simón Bolívar

La Dieta Bolívar

GRANDES NARRACIONES

1.52 mt

"Come por precisión y no por regalo"

"Su Excelencia omite muchos guisados y apenas aprueba los otros. Nada de dulces y postres, y mucho menos de vinos y resolis"

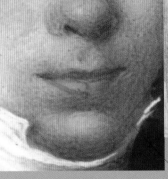
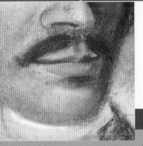
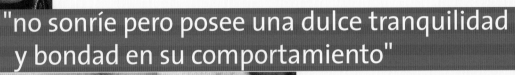

"no sonríe pero posee una dulce tranquilidad
y bondad en su comportamiento"

Coco Cl

Jean Paul C

JohnGalliano

"En sus maneras él es un caballero refinado, sin rival en amabilidad"

"Libertador se viste bien y con aseo"

"En una reunión de más etiqueta, su dignidad sin afectación sobresale; su tono de hombre de mundo, sus modales distinguidos lo hacen pasar por el más caballero y por el hombre más instruido y más amable de todos los de la concurrencia"

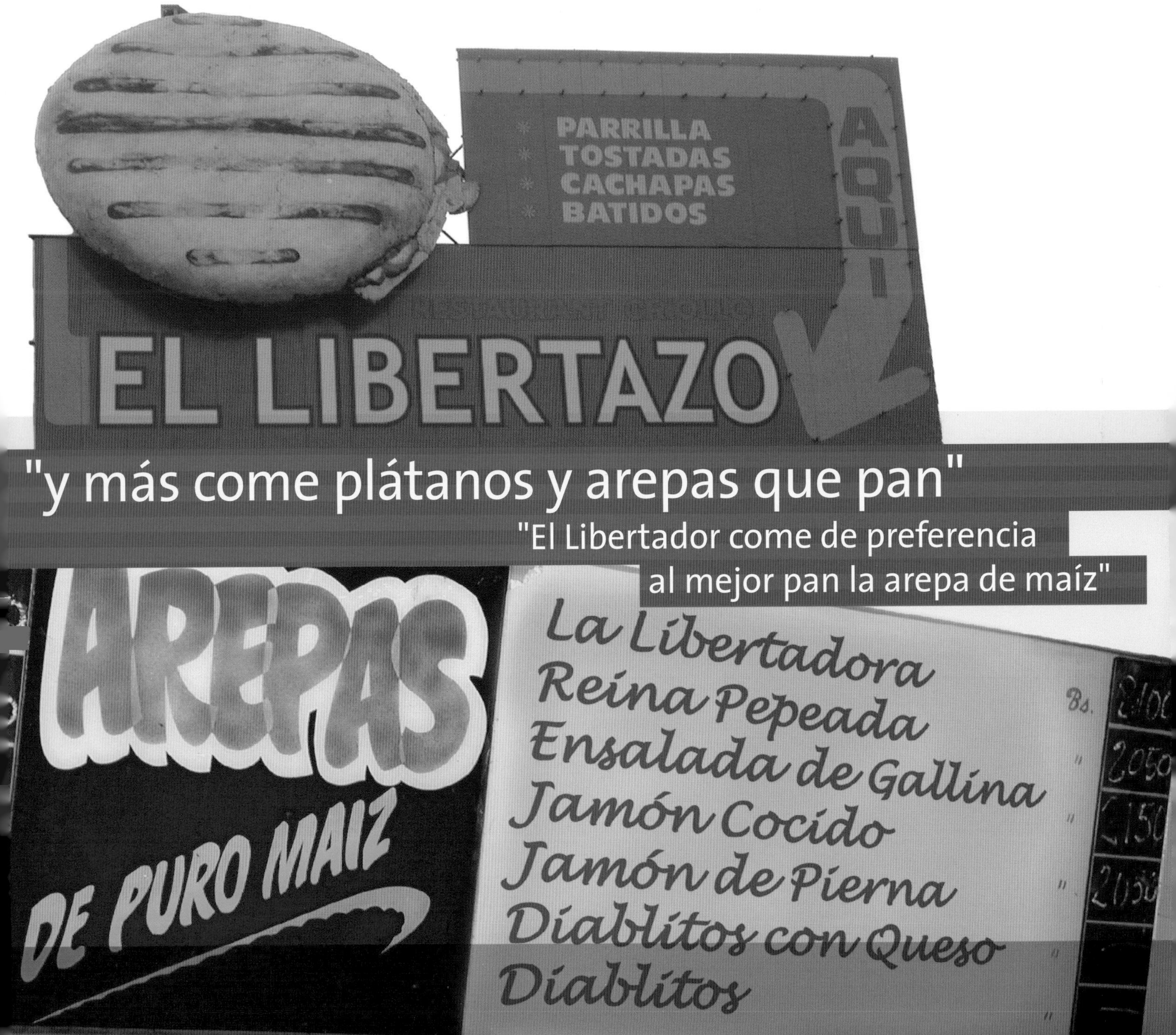

PARRILLA
TOSTADAS
CACHAPAS
BATIDOS

AQUI

EL LIBERTAZO

"y más come plátanos y arepas que pan"

"El Libertador come de preferencia
al mejor pan la arepa de maíz"

AREPAS
DE PURO MAIZ

La Libertadora
Reina Pepeada
Ensalada de Gallina
Jamón Cocido
Jamón de Pierna
Diablitos con Queso
Diablitos

Bs.

"buenos ojos oscuros y penetrantes"

"El fuego de sus ojos rápidos y negros es notable"

"hace uso de mucho ají o pimienta,
pero prefiere lo primero"

"yo pedí entonces y al momento se puso ají en toda
la mesa y todos comieron con mucha gana:
vi algunas señoras que lo comían solo con pan"

AJÍ PICANTE
BOLÍVAR

"La noche la pasa en tertulia con sus pocos confidentes; se tocan en ella muy selectas especies de literatura, táctica y política"

"tiene el pelo oscuro y rizado"

14

"En sus conversaciones hace muchas citas, pero siempre bien escogidas y propias del objeto. Voltaire es su autor favorito y tiene en la memoria muchos pasajes de sus obras, tanto en prosa como en verso. Conoce todos los buenos autores franceses, que sabe apreciar y juzgar: tiene algún conocimiento general de la literatura italiana e inglesa y es muy versado en la española"

"El Libertador no fuma ni permite que se fume en su presencia"

"Su ocupación, su descanso y entretenimiento es el despacho
de los voluminosos paquetes que diariamente le llegan;
y cuando todo está concluido toma el caballo para dar
un paseo que fenece con el día"

"Las ideas del Libertador son como su imaginación, llenas de fuego, originales y nuevas"

"Sostiene con fuerza, con lógica y casi siempre con tenacidad su opinión"

Vida

En la ciudad Mariana de Caracas, en 30 de Julio de 1783 años, el doctor don Juan Félix Jerez y Aristeguieta, presbítero, con licencia que yo el infrascripto Teniente Cura de esta santa Iglesia Catedral le concedí, bauticé, puse óleo y crisma y dio bendiciones a Simón, José, Antonio, de la Santísima Trinidad, párvulo, que nació el 24 de Julio del corriente, hijo legítimo de don Juan Vicente Bolívar y de doña Concepción Palacios y Sojo naturales y vecinos de esta ciudad. Fue su padrino don Feliciano Palacios y Sojo a quien se advirtió el parentesco espiritual y obligación. Para que conste lo firmo.

Acta de bautismo de Simón Bolívar

En la ciudad de Caracas, capital de la Provincia de Venezuela, reino de España, contrajeron matrimonio la joven mantuana doña María de la Concepción Palacios y Blanco y don Juan Vicente Bolívar y Ponte, rico terrateniente y comerciante criollo.

Vista de la ciudad de Caracas que la hizo ganarse el nombre de "la ciudad de los techos rojos"   (1)

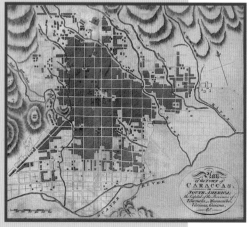

Mapa de Caracas de 1808 que muestra el trazado cuadricular que tenían todas las ciudades coloniales. Primero se trazaba un cuadrado en el centro del terreno para la plaza mayor y alrededor de ésta se ubica la iglesia, el ayuntamiento y las manzanas (2)

Doña María de la Concepción Palacios y Blanco y don Juan Vicente Bolívar y Ponte, padres de Simón   (3)

Diez años más tarde, un 24 de julio, en su casa entre las esquinas de San Jacinto y Traposos, cerca de la entonces Plaza Mayor, doña María de la Concepción da a luz a su cuarto hijo: un varón. Sus hermanos, María Antonia de seis años, Juana de cuatro y Juan Vicente de dos forman parte del cortejo que seis días después asiste al bautizo del niño Simón José Antonio de la Santísima Trinidad.

Bautizo de Simón Bolívar visto por el gran pintor Tito Salas (4)

De ética y valores

Sobre mi corazón no manda nadie más que mi conciencia.

Carta a Francisco Iturbe, 19-9-1812.

Una vista de la Caracas actual desde una de las ventanas de la Casa Natal del Libertador

Antes de los tres años de edad muere su padre. Su madre tiene que atender entonces los bienes de la familia, por lo que ella y los niños pasarán estos años entre la casa caraqueña y el ingenio de San Mateo, una hacienda de caña de azúcar en los valles de Aragua.
A los seis años Simón recibe el sacramento de la confirmación de la mano de su tío y ahora también padrino Esteban Palacios.

Ayer supe que vivía usted y que vivía en nuestra querida patria. ¡Cuántos recuerdos se han aglomerado en un instante sobre mi mente! Mi madre, ¡mi buena madre! tan parecida a usted, resucitó de la tumba, se ofreció a mi imagen. Mi más tierna niñez, la confirmación y mi padrino, se reunieron en un punto para decirme que usted es mi segundo padre. Todos mis tíos, todos mis hermanos, mi abuelo, mis juegos infantiles, los regalos que usted me daba cuando era inocente... todo vino en tropel a excitar mis primeras emociones... la efusión de una sensibilidad delicada. Todo lo que tengo de humano se removió ayer en mí: llamo humano lo que está más en la naturaleza, lo que está más cerca de las primeras impresiones...

Fragmento de una carta a su tío Esteban Palacios. Cuzco (Perú), 10 de julio de 1825.

Simón Bolívar realizando la confirmación (6)

Don Feliciano Palacios y Sojo bisabuelo materno de Simón Bolívar.
El bisabuelo de Simón usaba una peluca blanca, costumbre impuesta en el siglo XVII por Luis XIV, el Rey Sol, y la aristocracia francesa.
Con estas pelucas se resaltaba la blancura del rostro que era señal de clase y distinción (5)

Recién cumplidos los nueve años muere su madre.

Huérfanos de padre y madre, los hermanos Bolívar Palacios permanecen algún tiempo bajo la tutela del abuelo Feliciano; luego Simón pasa al cuidado de su tío Carlos Palacios.

De ética y valores

El que lo abandona todo por ser útil a su país, no pierde nada, y goza cuanto le consagra.

Carta al Presidente de las Provincias Unidas de Nueva Granada, 10-9-1815.

Escudo de armas de la familia Bolívar. Cada figura o blasón posee un significado que hace referencia al origen y posición de la familia dentro de la sociedad. Sólo las familias de la más alta clase, como la de Bolívar, tenían escudo (7)

Nosotros, y especialmente yo, doña María Antonia, hemos profesado siempre un extremado amor a este hermano considerándolo desde tan tierna edad privado de las caricias de sus padres, y separado de la compañía de sus hermanas. Así estos sucesos, y particularmente la extracción del niño de nuestra casa y compañía, no ha podido menos de causar en nuestro afecto el más entrañable dolor y sentimiento, pero mucho más por el modo con que se ha verificado, violentamente y contra la voluntad del pupilo para entregarlo a un extraño, siendo de la primera distinción en la ciudad, y de superabundantes rentas para conservar eldecoro y honor que heredó de sus padres, privándolo de la compañía y del único consuelo y amparo de su hermana mayor a quien en su compasiva horfandad se había acogido por no acomodarle la compañía y educación de su tutor y encargados [...].

Antes de ahora habíamos advertido esta conducta del tutor, viendo a su pupilo que andaba solo por las calles y paseos a pie y a caballo y lo que es peor, en juntas con otros muchachos no de su clase, con nota y censura de toda la ciudad que también lo ha reparado, causando particularmente a mí, doña María Antonia, el más vivo dolor, sin atreverme a dar el menor paso en el particular, porque su tutor y los suyos, no mordiesen mi resolución, calificándola siniestramente de seductora, sugestiva y turbulenta.

Fragmentos de "Don Pablo de Clemente y doña María Antonia Bolívar reclaman y suplican...". Expediente de la Real Audiencia de Caracas, julio de 1795.

Un día antes de cumplir los 12 años, en un gesto de rebeldía, se escapa de casa del tío Carlos para irse con su hermana María Antonia, casada con Pablo Clemente y Francia, argumentando que su tío tiene un carácter muy severo y que además acostumbra a dejarlo solo cada vez que viaja a las haciendas de la familia.

María Antonia Bolívar, hermana de Simón (8)

Simón Bolívar retratado a los 12 años de edad, aproximadamente (9)

Para el logro del triunfo siempre ha sido indispensable pasar por la senda de los sacrificios.

Discurso en Bogotá, 23-01-1815.

Retrato de Simón Rodríguez. "Don Simón era un maestro excepcional cuando se encontraba con un discípulo de naturaleza también extraordinaria, como lo fue Bolívar. Los años que pasó en estudio y soledad, lo tornaron un poco brusco y de la más áspera franqueza para decir las cosas."
Tomado del libro *Simón Rodríguez* de Mariano Picón-Salas (10)

Este tipo de coche era cargado por los criados de las familias ricas que lo usaban como medio de transporte (11)

Además de las sabias lecciones de Simón Rodríguez, quien siempre será su maestro y guía, recibe clases de matemáticas del padre Francisco Andújar, y de geografía, historia y literatura de Andrés Bello, apenas dos años mayor que él.

[Simón Rodríguez] fue mi maestro; mi compañero de viajes, y es un genio, un portento de gracia y de talento para el que lo sabe descubrir y apreciar. Todo lo que diga yo de Rodríguez no es nada en comparación de lo que me queda... Él es un maestro que enseña divirtiendo...

Fragmento de una carta a Francisco de Paula Santander. Huamachuco (Perú), 6 de mayo de 1824.

Andrés Bello, escritor, filólogo, abogado y político, fue maestro de Simón Bolívar, a quien acompañó a Londres como parte de la Junta Revolucionaria de Caracas. Fue también el primer rector de la Universidad de Santiago de Chile, y el redactor del código civil chileno. Entre su escritos destacan su silva *La agricultura de la zona tórrida* y su *Gramática castellana* (12)

Simón Rodríguez y Simón Bolívar, dibujo realizado por Carlos Cruz-Diez para el libro *Simón Rodríguez* de Mariano Picón-Salas (13)

De ética y valores

Nada, sino las malas acciones debe molestar a los hombres.

Carta a Pablo Morillo, 30-11-1820.

La gloria está en ser grande y en ser útil.

Carta a Antonio José de Sucre, 4-8-1824.

"Bolívar seguirá admirando a su maestro. No aprenderá con él buena ortografía (ésta sólo la domina en sus años de permanencia en España), pero ha aprendido, en cambio, a observar, reflexionar y sentir. Simón Rodríguez ya le estaba enseñando la arriesgada y difícil profesión de hombre" Mariano Picón-Salas, en *Simón Rodríguez* (14)

No es cierto que mi educación fue muy descuidada, puesto que mi madre y mis tutores hicieron cuanto era posible por que yo aprendiese: me buscaron maestros de primer orden en mi país. Robinson, que usted conoce, fue mi maestro de primeras letras y gramática; de bellas letras y geografía, nuestro famoso Bello; se puso una academia de matemáticas sólo para mí por el padre Andújar, que estimó mucho el barón de Humboldt. Después me mandaron a Europa a continuar mis matemáticas en la academia de San Fernando; y aprendía los idiomas extranjeros, con maestros selectos de Madrid; todo bajo la dirección del sabio marqués de Ustáriz, en cuya casa vivía. Todavía muy niño, quizá sin poder aprender, se me dieron lecciones de esgrima, de baile y de equitación.

Fragmento de una carta a Francisco de Paula Santander. Arequipa (Perú), 20 de mayo de 1825.

... por haberme apasionado de una señorita de las más bellas circunstancias y recomendables prendas, como es mi señora doña Teresa Toro, hija de un paisano y aún pariente, he determinado contraer alianza con dicha señorita para evitar la falta que puedo causar si fallezco sin sucesión; pues haciendo tan justa liga, querrá Dios darme un hijo que sirva de apoyo a mis hermanos y de auxilio a mis tíos.

Fragmento de una carta a su tío Pedro Palacios. Madrid, 30 de septiembre de 1800.

Al cumplir los 14 años se le otorga por orden del rey el título de subteniente de infantería del Batallón de Milicias de Blancos de los valles de Aragua, fundado por su padre.

Un año después viaja a España pasando por México. Se establece en Madrid para continuar su educación bajo la tutela del tío Esteban y del marqués de Ustáriz. Asiste al teatro, a museos y a conciertos; conoce la corte del rey: la fastuosidad de sus ceremonias y las intrigas políticas.

Detalle de la obra *El matrimonio del Libertador* pintada por Tito Salas (15)

En Madrid, conoce y se enamora de María Teresa Rodríguez del Toro y Alayza, una sobrina del marqués del Toro.

Después de un viaje a París y a Bilbao, con apenas 18 años, se casa con María Teresa, dos años mayor que él, en la capilla del palacio del duque de Frías. Enseguida la joven pareja se embarca para Venezuela.

El matrimonio se celebró el 26 de Mayo de 1802   (16)

De ética y valores

Una vida pasiva e inactiva es la imagen de la muerte, es el abandono de la vida; es anticipar la nada antes de que llegue.

Carta a Antonio José de Sucre, 20-1-1825.

Un visitante en la Casa Natal del Libertador

Aranjuez, 15 de Mayo de 1802
Señor capitán general de Caracas.
Con esta fecha comunico al capitán general de Castilla la Nueva, lo siguiente: "El rey se ha servido conceder a don Simón de Bolívar y Palacios, subteniente del batallón de milicias disciplinadas de Valles de Aragua, en la provincia de Venezuela, actualmente residente en Madrid, el permiso que ha solicitado para contraer matrimonio con doña María Teresa Rodríguez del Toro, precedidos los requisitos prevenidos del consentimiento paterno y demás reales disposiciones.
Lo traslado a US. de real orden para su inteligencia.
Dios guarde a US, muchos años. Caballero.

Permiso de matrimonio concedido a Simón Bolívar.

Desde los primeros años de mi juventud tuve la honra de cultivar la amistad del señor Bonpland y del barón de Humboldt, cuyo saber ha hecho más bien a la América que todos los conquistadores.

Fragmento de una carta a Gaspar Rodríguez Francia. Lima, 22 de octubre de 1823.

Juro delante de usted; juro por el dios de mis padres; juro por ellos; juro por mi honor y juro por mi patria que no daré descanso a mi brazo ni reposo a mi alma hasta que haya roto las cadenas que nos oprimen por voluntad del poder español.

Fragmento del juramento en el Monte Sacro, el 15 de agosto de 1805.

Ya en Caracas, alterna su estancia en la ciudad con los viajes a las haciendas de la familia en los valles del Tuy y en el llano.

Ocho meses después de la boda, María Teresa se enferma de fiebre amarilla; luego de varios días en vela, el joven Bolívar la ve morir el 22 de enero de 1803. Triste y abatido decide volver a España.

En 1804 viaja a París junto a su amigo Fernando Rodríguez del Toro, primo de su difunta esposa. Se aloja en el hotel de la Rue Vivienne, viste elegantemente, va al teatro y a la ópera, frecuenta bailes públicos y asiste a los salones, sobre todo a las tertulias de Fanny du Villars, donde conoce al barón de Humboldt y a Bonpland. Allí, en la capital francesa, se reencuentra con Simón Rodríguez.

Para entonces uno de los temas que más le apasionan y que comparte en las conversaciones de los salones es la necesidad de independencia de los pueblos de América.

Retrato de Simón Bolívar realizado en 1804 (18)

Simón Bolívar llegó a París en el año en que Napoleón Bonaparte se proclamó emperador de los franceses (17)

Viaja a Italia, y en lo alto del Monte Sacro en Roma, ante el maestro Simón Rodríguez, jura vencer el yugo español.

El 15 de agosto de 1805 Bolívar, acompañado por Simón Rodríguez y Fernando Rodríguez del Toro, subió al Monte Sacro, Roma, y emocionado e inspirado por los grandes hechos históricos que habían ocurrido en ese lugar juró que liberaría a América (19)

De ética y valores

No tengo más mira que servir a Venezuela.

Carta a José Antonio Páez, 15-11-1826.

Los malvados no tienen honor ni gratitud, y no saben agradecer, sino temer.

Carta a José Antonio Páez, 20-3-1827.

Nuevamente coincide la visita de Bolívar con un evento de gran importancia. Esta vez su paso por Milán camino a Roma le permite saber de la proclamación de Napoleón Bonaparte como rey de los italianos (20)

Abandona Europa. Recorre parte de Estados Unidos y regresa a Venezuela a mediados de añ para ocuparse de sus propiedades.

Voy a buscar otro modo de existir; estoy fastidiado de la Europa y de sus viejas sociedades; me vuelvo a América ¿qué haré yo allí?... lo ignoro...

Fragmento de una carta a Fanny du Villlars. Cádiz, 1807.

En el siglo XIX el medio de transporte para viajar de un continente a otro eran los barcos. Tardaban varias semanas en cruzar el océano porque eran impulsados por velas   (22)

Su nombre completo era Fanny Dervieu du Villars y era prima de Simón Bolívar, aunque algunas versiones afirmaban que en realidad no tenían una relación familiar sino amorosa   (21)

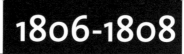

Bolívar comparte su tiempo entre el cuidado de las haciendas –de cría de ganado y cultivo de cacao, añil y café– y las tertulias en la Cuadra Bolívar, una propiedad de la familia, al norte del río Guaire. Allí, junto a otros jóvenes apasionados, habla de literatura, arte, filosofía, pero sobre todo de política. Por esos días se comentan los fracasados intentos libertarios de Francisco de Miranda, y en especial la noticia más reciente: el nombramiento que ha hecho el emperador Napoléon Bonaparte de su hermano como nuevo rey de España, lo que disgusta tanto a los españoles de la península como a los criollos.

BOLIVAR

Simón Bolívar no sólo destacó por sus ideas políticas y por sus dotes de líder, sino también por su elegancia y su galantería, que le hizo ganar fama de hombre seductor. Aquí es retratado con una larga capa y un sombrero alto a la usanza de la época (23)

De ética y valores

La verdad pura y limpia es el mejor modo de persuadir.

Carta a Rafael Urdaneta, 3-8-1829.

¡Que los grandes proyectos deben prepararse con calma! Trescientos años de calma ¿no bastan? La Junta Patriótica respeta, como debe, al Congreso de la nación, pero el Congreso debe oír a la Junta Patriótica, centro de luces y de todos los intereses revolucionarios. Pongamos sin temor la piedra fundamental de la libertad suramericana: vacilar es perdernos.

Fragmento del *Discurso ante la Sociedad Patriótica*, pronunciado la noche del 3 al 4 de julio de 1811.

La vida pública de Simón Bolívar comienza a partir de los sucesos ocurridos el 19 de abril, cuar el pueblo de Caracas rechaza la autoridad del gobernador y capitán general de Venezuela, el español Juan Vicente Emparan, y se crea una junta de gobierno.

Ascendido a coronel, preside una misión diplomática que va a Londres en busca de apoyo de gobierno inglés, y que es recibida por el precursor de la Independencia, Francisco de Miranda Bolívar y Miranda volverán a encontrarse a finales de ese mismo año en Venezuela.

Vista de Londres que para el momento era la capital de las finanzas y el comercio internacional   (24)

Nosotros, pues, a nombre y con la voluntad y autoridad que tenemos del virtuoso pueblo de Venezuela, declaramos solemnemente al mundo que sus provincias unidas son, y deben ser desde hoy, de hecho y de derecho, Estados libres, soberanos e independientes y que están absueltos de toda sumisión y dependencia de la Corona de España o de los que se dicen o dijeren sus apoderados o representantes...

Fragmento del *Acta de la Independencia*, 5 de julio de 1811.

Francisco de Miranda fue uno de los próceres de la independencia de Venezuela. Gran viajero y hombre de ideas, participó en la guerra de independencia de Estados Unidos y en la Revolución Francesa   (25)

Acaba de cumplir 28 años cuando pronuncia su primer y encendido discurso ante los revolucionarios de la Sociedad Patriótica, exigiendo la inmediata proclamación de la Independencia. Al día siguiente, 5 de julio, se declara la Independencia y se crea la República de Venezuela.

La reacción de los partidarios de España no se hace esperar, y Bolívar, a las órdenes del jefe del Ejército Francisco de Miranda, logra controlar una insurrección surgida en Valencia.

Tras la constitución de la Junta Suprema de Caracas se proclama la Independencia provocando la reacción realista que restablecería el dominio español hasta 1813, cuando se proclamó la segunda república (26)

De los afectos

Jamás falta un amigo compasivo que nos socorra y el socorro de un amigo no puede ser nunca vergonzoso el recibirlo.

Carta a Francisco Iturbe, 19-9-1812.

Meses después, nombrado comandante de Puerto Cabello, Bolívar es derrotado a causa de una traición. Por su parte, Miranda, ante el ataque del ejército realista comandado por el capitán Domingo de Monteverde, se rinde y firma la capitulación que da fin a la Primera República.

Mi general, mi espíritu se halla de tal forma abatido que no me siento con ánimo de mandar un solo soldado; mi presunción me hacía creer que mi deseo de acertar y mi ardiente celo por la patria, suplirían en mí los talentos de que carezco para mandar. Así ruego a usted, o que me destine a obedecer al más ínfimo oficial, o bien que me dé algunos días para tranquilizarme, recobrar la serenidad que he perdido al perder a Puerto Cabello; a esto se añade el estado físico de mi salud, que después de trece noches de insomnio y de cuidados gravísimos me hallo en una especie de enajenamiento mortal [...] Yo hice mi deber, mi general, y si un soldado me hubiese quedado, con ese habría combatido al enemigo; si me abandonaron no fue por mi culpa.

Fragmento de una carta a Francisco de Miranda. Caracas, 12 de julio de 1812.

Puerto Cabello pintado por Theodore Lacombe en 1856   (27)

Miranda es apresado y enviado a España, mientras Bolívar huye a Curazao para dirigirse luego a Cartagena, en la vecina provincia de Nueva Granada (actualmente Colombia y Panamá) que estaba en manos de los patriotas. Allí escribe un documento político conocido como el *Manifiesto de Cartagena*, en el que explica las causas de la pérdida de la República.

En 1812 Caracas sufre un terremoto que la devasta casi por completo. Los realistas intentaron interpretar este fenómeno de la naturaleza como un castigo de Dios dirigido a los patriotas por desafiar la autoridad del imperio español. Pero Bolívar viendo las intenciones de los españoles pronunció en la plaza de San Jacinto su célebre frase "¡Si se opone la naturaleza lucharemos contra ella y la haremos que nos obedezca!" (28)

De los afectos

La amistad tiene en mi corazón un templo ... la amistad es mi pasión.

Carta al coronel Palacios, 16-5-1817.

Mi corazón se hallará siempre en Caracas: allí recibí la vida, allí debo rendirla; y mis caraqueños serán siempre mis primeros compatriotas.

Carta a José Antonio Páez, 26-9-1825.

Yo soy, granadinos, un hijo de la infeliz
Caracas, escapado prodigiosamente de en
medio de sus ruinas físicas y políticas,
que siempre fiel al sistema liberal y justo que
proclamó mi patria, he venido a seguir
los estandartes de la independencia que tan
gloriosamente tremolan en estos estados.

Fragmento del *Manifiesto de Cartagena*.
Cartagena de Indias (Colombia),
15 de diciembre de 1812.

Simón Bolívar, el 15 de junio de 1813, firma el controversial *Decreto de Guerra a Muerte* donde proclamó:
"Españoles y canarios, contad con la muerte, aún siendo indiferentes, si no obráis activamente
en obsequio de la libertad de América. Americanos, contad con la vida, aun cuando seáis culpables" (29)

En Nueva Granada, pasa de comandar una tropa de pocos soldados a dirigir un ejército cada vez mayor que va ganando batalla tras batalla hasta llegar a Cúcuta, desde donde inicia la Campaña Admirable para liberar a Venezuela. Pasa por Mérida, ciudad que le da por primera vez el título de Libertador, por Trujillo, donde dicta el *Decreto de Guerra a Muerte,* y lucha en el centro del país hasta hacer su entrada triunfal en Caracas.

En el templo de San Francisco se le otorgan los títulos de capitán general del Ejército Patriota y Libertador de Venezuela, tras lo cual Bolívar continúa su campaña librando batallas como la de Araure, en la que dio muestras de gran valentía.

De los afectos

La amistad es preferible a la gloria.

Carta a Antonio José de Sucre, 8-7-1827.

A lo largo de todo el siglo XIX el caballo fue el principal medio de transporte terrestre, tanto de mercancías y bienes como de tropas. Por otra parte, era imposible pensar en ir a la guerra sin contar con un cuerpo de caballería como el que peleó en la Batalla de Araure, el 15 de diciembre de 1813, aquí representada (30)

Iglesia de San Francisco en Caracas donde se confirma el título de Libertador otorgado a Bolívar (31)

No puede concebirse el grado de consternación de la capital a la aproximación de los realistas. Los habitantes huían por millares, unos a los bosques, otros a la costa, muchos a embarcarse para playas extranjeras, de los que no pocos se quedaron por falta de embarcaciones; pero la clase más respetable de la sociedad se decidió a correr la suerte del ejército patriota[...]. Estos desdichados abandonaban sus casas y sus propiedades a la avidez de una soldadesca brutal, sin llevar consigo otra cosa que la conciencia de sus males y la firme resolución de morir antes que someterse a los groseros insultos de un enemigo extraño a todo sentimiento de compasión[...].

Los caminos, naturalmente malos, se hallaban intransitables con las lluvias incesantes; era absoluta la falta de toda comodidad, y aun de lo más necesario para la vida; el constante terror de ser alcanzados por el enemigo; el hambre, las fatigas y las enfermedades, todo conspiraba a hacer la situación de aquellos desgraciados emigrantes horrible en extremo. Después de arrastrar sus miembros fatigados, soportando las penalidades de la marcha diaria, llegaban por la noche, casi sin vida, al punto designado para vivaquear [...]. Personas acostumbradas a los goces de una vida cómoda, apenas podían tolerar tantas fatigas; muchos perecían diariamente. El mismo Bolívar me refirió que durante esta retirada fue el testigo de las escenas más desgarradoras. Vio a las madres arrancar de sus pechos, ya agotados, a la tierna criatura y arrojarla con horribles imprecaciones al precipicio, que ya no tenían fuerzas para vencer.

Fragmento de *Memorias del General O´Leary*.

La guerra entre patriotas y realistas se hace cada vez más sangrienta en lugares como Puerto Cabello y La Victoria. Bolívar, derrotado por José Tomás Boves en la batalla de La Puerta vuelve a Caracas para dirigir hacia Oriente el éxodo de gran parte de la población de la ciudad que huye amenazada por la ferocidad de los realistas.

Luego se refugia nuevamente en Cartagena y allí recibe apoyo de los patriotas de Nueva Granada para tomar la capital de esa provincia: Santa Fe de Bogotá.

Vista del puerto de Haití alrededor de 1815. Desde 1806 hasta 1818 Haití estuvo dividida en una monarquía, el Reino del Norte bajo el control de Henri Christophe, y la democrática República del Sur, que tenía como presidente a Alejandro Petión (32)

Bolívar, rumbo a Haití, se detiene en Jamaica y escribe la famosa *Carta de Jamaica*, en la que habla de su sueño de ver a las provincias de Venezuela y Nueva Granada unidas en una república que se llamaría Colombia, en honor a Cristóbal Colón, así como del porvenir de todas las naciones americanas.

Ya en Haití solicita el apoyo del presidente Alejandro Petión para volver a Venezuela.

...ada que le obsequió el general Alejandro Petión, ...sidente de Haití, a Simón Bolívar.

...espadas se usaron como armas desde el momento ...que el hombre tuvo la habilidad de dar forma ...os metales. A pesar del descubrimiento de la pólvora ...el uso cada vez más frecuente de las armas de fuego, ...espadas se siguieron usando durante las guerras ...siglo XIX, sobre todo por los soldados de caballería ...)

General Alejandro Petión, Presidente de la República del Sur en Haití (34)

De la educación

La primera máxima que ha de inculcarse a los niños es la del aseo. No hay vista más agradable que la de una persona que lleva la dentadura, las manos, el rostro, y el vestido limpios: si a esta cualidad se juntan unos modales finos, y naturales, he aquí los precursores que marchando delante de nosotros, nos preparan una acogida favorable en el ánimo de las gentes.

En "La instrucción pública", artículo periodístico de 1825

Con los venezolanos refugiados en Haití y otros hombres reclutados en Jamaica, Bolívar comanda una expedición de siete goletas de guerra que parte de Los Cayos de San Luis (Haití hacia la isla de Margarita, liberada ya por Juan Bautista Arismendi. Una vez en tierra firme, proclama la libertad de los esclavos.

Después de una serie de percances y derrotas vuelve a Haití y organiza una segunda expedición a Venezuela.

A punto de cumplir 34 años entra en Angostura (hoy Ciudad Bolívar) y en esa ciudad establece el centro de sus actividades políticas y operaciones militares.

Funda el *Correo del Orinoco*, un periódico para difundir los ideales libertarios. Y con el objeto de unir las fuerzas patriotas se reúne con José Antonio Páez en los llanos.

Solo, a más de 6 mil metros de altura y rodeado por la nieve, Simón Bolívar, con la fatiga que le produjo el ascenso y sus preocupaciones por el futuro de la lucha de independencia, tiene algunas visiones en las que escucha la voz de la Gran Colombia y habla con el tiempo convertido en un anciano   (35)

Hoy en día en la casa donde funcionó el *Correo del Orinoco* está ubicado el Museo Nacional de la Prensa (36)

CORREO DEL ORINOCO.

Nº 1.   ANGOSTURA SABADO 27 DE JUNIO 1818. 8°.   Tom. I.

ESTADO MAYOR GENERAL.

BOLETIN

Del Exército Libertador de Venezuela , del dia 13 de Mayo de 1818. 8°.

La Division del General *Paez* se dirigió à la Villa del Pao, despues de la retirada del enemigo acia la Villa de Cura por consequencia de la derrota, que sufrió en Ortiz. Su Excelencia creyó necesario destruir un grueso cuerpo, que con el nombre de reserva reunia el Brigadier *Real*, y aprovechar ademàs los recursos, y comodidad, que ofrecia esta ruta para conservar nuestra numerosa Caballería. Al aproximarse nuestras tropas, *Real* abandonó el Pao, y replegó acia Valencia, y la Division del General *Paez* marchó sobre San Carlos, que ocupó, despues de haber sido completament batida la columna enemiga, que inutilmente emprendió defender aquella Ciudad.

S. E. estableció su Quartel-general en San José de Tisnados el 13 de Abril, y esperó que se reuniesen todos los Cuerpos, que hab an obrado con buen suceso en los Pueblos de San Francisco de Tisnados y Barbacoas, que los Españoles intentaron en vano insurreccionar. El 15 marchó el General *Sedeño* con su Division acia el Pao; y el 17 la columna de Caballeria à las ordenes del General *Zaraza*, y 300 Cazadores, que se hallaban campados en el Rincon de los toros, fueron sorprendidos, y dispersados por el Comandante *Lopez*, que murió en esta accion con una gran parte de su fuerza. El General *Sedeño*, à la cabeza de mil y quinientos hombres de toda arma, volvió à los Llanos de Calabozo.

Los enemigos, erguidos con este último suceso, resolvieron salir contra las fuerzas del General *Paez*, y al efecto reunieron todas las guarniciones de las plazas, y aun los Cuerpos Civicos de Caracas. Con este nuevo Exército, bajo las ordenes del Brigadier *La torre*, se presentaron el 2 del corriente en las llanuras de Cogede en donde nuestras tropas los esperaban con impaciencia. Es aqui en donde se ha dado un combate sangriento, y en donde los Españoles han acabado de conocer à superioridad de nuestra Caballería.

El enemigo se presentó con su Infanteria en columnas al centro de otras dos columnas de Caballeria, que formaban sus alas. Nuestro Exército le aguardó en formacion de batalla; el General *Anzoategui* mandaba la Infanteria, el Teniente-Coronel *Cornelio Muñoz* la Caballeria de la derecha, y el Coronel *Yribarren* la de la izquierda; el Coronel *Rangel* mandaba la reserva. Nuestra linea cargó con la mayor intrepidez sobre el enemigo, y à pesar de su firmeza, fueron destrozadas sus columnas de Caballería, y mucha parte de u Infanteria. La que no entró en combate debió su salvacion à haber tomado

el bosque por la morosidad de nuestra reserva, que no llenó su deber, à pesar de los esfuerzos de sus Gefes. El campo quedó cubierto de mil cadaveres, de multitud de armamento, municiones, equipages, comisaria, y gran cantidad de prisioneros. El Brigadier *Correa*, Gefe del Estado Mayor-general, y el Coronel *Gonzales Villa*, Comandante de Castilla, han muerto entre otros Oficiales de graduacion. Tambien se dice del General *Latorre*, aunque no se sabe positivamente. Todos los Gefes de los Dragones de la Union, y de los Huzares, y Lanzeros del Rey, han muerto igualmente.

Nuestra pérdida es pequeña; pero se hace muy sensible por no haber podido obtenerse un completo suceso continuando nuestras marchas hasta Valencia, por el estado à que ha quedado reducida nuestra Caballería por sus marchas, y contramarchas. La Division del General *Sedeño* mantiene en tranquilidad todos los Llanos de Calabozo.

En ocho combates, que con sucesos alternados han prolongado una campaña, que debia haber sido ya terminada, se ha visto de ambas part s conservar las posiciones, que respectivamente mas convienen à los dos Exércitos. Los Españoles fuertes en Infanteria cubren las montañas; nosotros fuertes en [...] [...] las llanuras de todo el interior de Venezuela. Aunque aparentemente esta campaña parece indecisa, nada puede hacerla inclinar en favor de las arma Españolas. Ellos han perdido sus Generales, Gefes, Oficiales, y tropas Europeas, y mas de tres mil Soldados del pais, todos los recursos, todos los abastos, y todas las Caballerias. Nosotros hemos sufrido la pérdida, debemos confesarlo, de mas de mil Infantes y quinientos Caballos, algunas armas y municiones, y algunos bravos Oficiales; pero nosotros reparamos nuestras de gracias con la misma prontitud, que las experimentamos, en tanto que nuestros enemigos tienen sus elementos militares à tanta distancia del teatro de la guerra, y sus sacrificios por esta causa les son infinitamente mas costosos que à nosotros, que todo lo tenemos en el seno de nuestro pais.

Quartel-general en San Fernando.

El Sub-Gefe del Estado Mayor-General,

FRANCISCO DE P. SANTANDER.

BOLETIN

Del Exército Libertador de Venezuela, del dia 16 de Junio de 1818. 8°.

La brillante accion de Cogede, y las penosas marchas que habia hecho la Division del General *Paez*, hasta aquel dia lo pusieron en la necesidad de venir sobre el Apure, para reorganizar y remontar su Caballeria, sin que los restos de la

El *Correo del Orinoco* fue el primer periódico impreso en Venezuela. Circuló por primera vez el 27 de junio de 1818 y fue un gran medio de divulgación de los ideales patrióticos. Del 20 de febrero al 13 de marzo de 1819, en sus números 19, 20, 21 y 22, se publicó el importante *Discurso de Angostura* (37)

De la educación

Un hombre sin estudios es un ser incompleto. La instrucción es la felicidad de la vida.

Carta a María Antonia Bolívar, abril de 1825.

Con uno de los discursos más importantes de su vida instala el Congreso de Angostura, que decreta la creación de Colombia o Gran Colombia (Venezuela, Nueva Granada y Ecuador

La esclavitud es la hija de las tinieblas; un pueblo ignorante es un instrumento ciego de su propia destrucción: la ambición, la intriga, abusan de la credulidad y de la inexperiencia, de los hombres ajenos de todo conocimiento económico, político y civil; adoptan como realidades las que son puras ilusiones; toman la licencia por la libertad, la traición por el patriotismo, la venganza por la justicia.
Un pueblo pervertido si alcanza su libertad, muy pronto vuelve a perderla; porque en vano se esforzarán en mostrarle que la felicidad consiste en la práctica de la virtud [...] que las buenas costumbres y no la fuerza son las columnas de las leyes, que el ejercicio de la justicia es el ejercicio de la libertad.
El sistema de gobierno más perfecto, es aquel que produce mayor suma de felicidad posible, mayor suma de seguridad social, y mayor suma de estabilidad política.
Todas nuestras facultades morales no serán bastantes si no fundimos la masa del pueblo en un todo: la composición del gobierno en un todo: la legislación en un todo: y el espíritu nacional en un todo. Unidad, unidad, unidad debe ser nuestra divisa.
Moral y luces son los polos de una República: moral y luces son nuestras primeras necesidades.

Fragmento del *Discurso ante el Congreso de Angostura*. Angostura, 15 de febrero de 1819.

El pintor Arturo Michelena, con el estilo romántico que caracterizó su obra, retrató los rigores de la guerra: el hambre, el cansancio y las inclemencias del tiempo, que azotaron al ejército patriota cuando Simón Bolívar lo condujo a través de los Andes para enfrentarse al ejército realista en Boyacá, Colombia   (38)

"Sólo la democracia, en mi concepto, es susceptible de una absoluta libertad; pero ¿cuál es el gobierno democrático que ha reunido a un tiempo, poder, prosperidad y permanencia? "
Discurso de Angostura   (39)

Ese mismo año, Bolívar planifica la invasión a Nueva Granada, que ha caído nuevamente en manos de los realistas, y realiza una de sus mayores hazañas militares: con unos 2.000 soldados mal abrigados, muchos de ellos llaneros no acostumbrados al frío, pasa el páramo de Pisba a 4.000 metros de altura, y un mes después ataca y vence a los realistas en la batalla de Boyacá. Entra a Santa Fe de Bogotá y logra la liberación de Nueva Granada. Regresa después a Angostura.

Cuando Simón Bolívar entró en Santa Fe de Bogotá fue aclamado por el pueblo que lo reconoció como el gran héroe y precursor de la causa independentista (40)

De la educación

El primer deber del gobierno es dar educación al pueblo.

La salud de una República depende de la moral que por la educación adquieren los ciudadanos en su infancia.

Decreto sobre fomento de la enseñanza pública en Bolivia, 11-12-1825.

Plaza Mayor de Santa Fe de Bogotá (41)

En Venezuela ya Bolívar cuenta con un ejército de más de 10.000 soldados y domina gran parte del territorio, por lo que el general realista Pablo Morillo le propone una tregua o armisticio que se firma en Santa Ana de Trujillo.

19 de junio de 1822

La caravana de los héroes entró a las ocho y media de la mañana por la calle principal[...]. No caben palabras cómo describir tanta emoción de la gente; desde la más alta alcurnia, pasando por todas las clases "de colores, gustos y sabores" y condiciones sociales [...]. Yo encontrábame en compañía de mamá, en quien era raro ver algún signo de alegría o de tristeza. Sin embargo, su manifestación de ella de júbilo era tal, que hízome sentir la más feliz de las hijas, porque supe que mi madrecita también compartía de corazón toda esta alegría patriótica [...].

Su Excelencia el Libertador, gallardo jinete, engalanado con uniforme de parada, en el que los hilos de oro se veían como evaporándose en el brillo del sol [...] montado en un precioso caballo blanco, al que enjaezaron con lo más precioso de monturas y arreos que se puedan encontrar por estas tierras[...].

Fragmento de *Diario de Quito* de Manuela Sáenz

Las noticias sobre la lucha librada por la libertad en América produjeron diversas reacciones en los países europeos. La guerra fue reseñada por la prensa, los humoristas se burlaron de los líderes de los bandos en combate: Bolívar y Morillo, e incluso se estrenó la obra de teatro *Les Bolivars et les Morillos*, en París en 1919   (42)

Pablo Morillo, conde de Cartagena, marqués de La Puerta y general en jefe del ejército expedicionario de costa firme   (43)

Un año después, roto el armisticio, el 24 de junio, Bolívar dirige en el campo de Carabobo la batalla que sellará de manera definitiva la independencia de Venezuela. Y después de siete años de ausencia, entra lleno de gloria a su ciudad natal, Caracas.

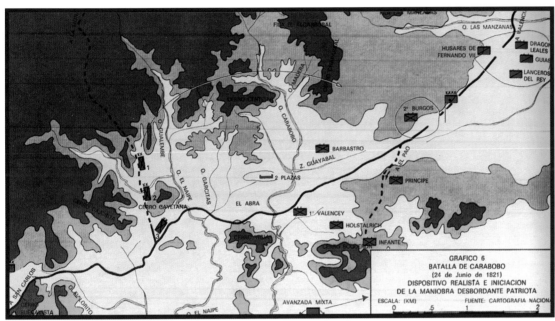

La batalla de Carabobo, donde se enfrentaron más de 6.000 soldados, fue el evento final de la campaña militar que decidió el destino de la Guerra de Independencia. Simón Bolívar y Antonio José de Sucre planificaron juntos esta campaña en la que el ingenio militar de ambos quedó demostrado. Actualmente, en las academias militares se siguen estudiando las tácticas usadas por ellos para vencer al oficial realista Miguel de la Torre (44)

De la educación

Una gran parte de los males de que adolece la sociedad, proviene del abandono en que se crían muchos individuos, por haber perdido en su infancia el apoyo de sus padres.

Decreto sobre fomento de la enseñanza pública en Bolivia, 11-12-1825.

MANIFIESTO
QUE
PARA SATISFACER AL MUNDO ENTERO
DE LA CONDUCTA
FRANCA Y EXCESIVAMENTE GENEROSA
TENIDA
POR EL GOBIERNO ESPAÑOL
CON EL GEFE
DE LOS DISIDENTES DE VENEZUELA
HACE EL GENERAL EN GEFE
DEL EJERCITO NACIONAL EXPEDICIONARIO
DON MIGUEL DE LA TORRE.

MADRID
IMPRENTA DE ESPINOSA.
1821.

Manifiesto del general de la Torre (45)

General Miguel de la Torre (46)

Gracias a su triunfo en Carabobo Bolívar ha logrado su sueño más anhelado: la liberación de Ecuador, Nueva Granada (Colombia) y Venezuela y su unión como la República de la Gran Colombia. Pero a pesar de ello no olvida su otro gran sueño: la liberación del sur de América.

Desde todos los balcones, al pasar, llovían los pétalos deshojados de las rosas, flores y ramos caían para ir formando una alfombra fragante y colorida, que hizo más encantadora la algarabía y el recibimiento; los aplausos se escuchaban por doquier y los vivas a la República [...]

Cuando se acercaba al paso de nuestro balcón, tomé la corona de rosas y ramitas de laureles y la arrojé para que cayera al frente del caballo de Su Excelencia; pero con tal suerte que fue a parar con toda la fuerza de la caída, a la casaca, justo en el pecho de Su Excelencia. Me ruboricé de la vergüenza, pues el Libertador alzó su mirada y me descubrió aún con los brazos estirados de tal acto; pero Su Excelencia se sonrió y me hizo un saludo con el sombrero pavonado que traía a la mano, y justo esto fue la envidia de todos, familiares y amigos, y para mí el delirio y la alegría de que Su Excelencia me distinguiera de entre todas, que casi me desmayo.

Fragmento del *Diario de Quito* de Manuela Sáenz

El pintor Martín Tovar y Tovar, el 28 de enero de 1884, recorrió el campo de Carabobo en compañía de Antonio Guzmán Blanco y un veterano de la batalla quien les relató los pormenores y momentos importantes de la misma. Ayudado por esta información y por los apuntes realizados por el también pintor Antonio Herrera Toro, Tovar y Tovar pintó esta obra concebida para cubrir el interior de la cúpula del Palacio Federal (47)

La Campaña del Sur se iniciará después de Carabobo, pero Bolívar ya no tendrá a su lado a los jefes militares que lo acompañaron en la Independencia de Venezuela ni la ayuda de Nueva Granada. De aquí en adelante lucharán junto al Libertador nuevos hombres, entre ellos Antonio José de Sucre, y contará con el apoyo de patriotas argentinos, chilenos y peruanos, entre quienes destaca el prócer José de San Martín.

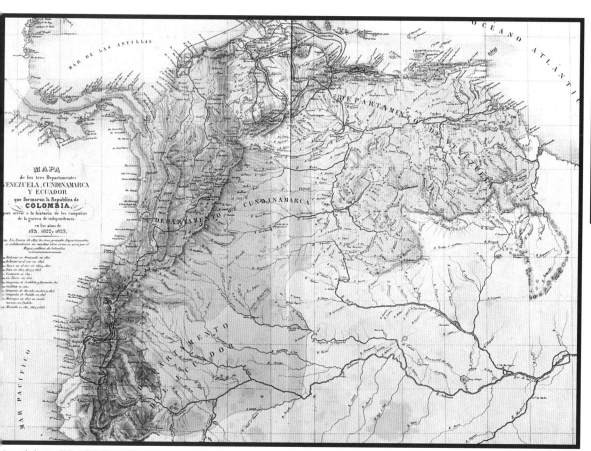

Mapa de la República de la Gran Colombia. Confederación formada por Nueva Granada (actualmente Colombia), Venezuela y Ecuador, a partir de la realización del Congreso de Angostura en 1819 y disuelta por una guerra civil en 1832 (48)

De la educación

Las naciones marchan hacia el término de su grandeza, con el mismo paso con que camina la educación.

"La instrucción pública", artículo periodístico de 1825.

Con la colaboración de Antonio José de Sucre, vencedor de la batalla de Pichincha, Bolívar realiza la Campaña del Sur. Luego de triunfar en la batalla de Bomboná, entra glorioso a la ciudad de Quito.

Allí, a los 38 años, conoce a Manuela Sáenz, mujer culta y de ideas libertarias que será uno de los grandes amores de su vida.

Antes de ayer por la noche partió de aquí el general San Martín, después de una visita de treinta y seis o cuarenta horas: se puede llamar visita propiamente porque no hemos hecho más que abrazarnos, conversar y despedirnos. Yo creo que él ha venido por asegurarse de nuestra amistad, para apoyarse con ella con respecto a sus enemigos internos y externos [...].
Gracias a Dios, mi querido general, que he logrado con mucha fortuna y gloria cosas bien importantes: primera, la libertad del Sur; segunda, la incorporación a Colombia de Guayaquil, Quito y otras provincias; tercera, la amistad de San Martín y del Perú para Colombia; y cuarta, salir del ejército aliado, que va a darnos en el Perú gloria y gratitud, por aquella parte ...

Fragmento de una carta a Francisco de Paula Santander. Guayaquil, 29 de julio de 1822.

Hace diez días que llegué en medio de los aplausos y de las fiestas [...].
Lima es una ciudad grande, agradable y que fue rica; parece muy patriota, los hombres se muestran muy adictos a mí, y dicen que quieren hacer sacrificios. Las damas son muy agradables y buena mozas. Hoy tenemos un baile en que las veré a todas.

Fragmento de una carta a Francisco de Paula Santander. Lima, 11 de setiembre de 1823.

Simón Bolívar y Manuela Sáenz   (49)

En el siglo XIX el medio de información más importante era el correo. Sin él los enamorados como Simón Bolívar y Manuela Sáenz nunca hubieran podido mantener su relación a través del tiempo y la distancia. Con la llegada, un siglo más tarde, del telégrafo y el teléfono este medio perdió vigencia, pero hoy en día con su versión electrónica ha cobrado nuevo auge   (50)

Se entrevista en Guayaquil con el héroe argentino José de San Martín, un encuentro que será decisivo para las naciones americanas.

Ante la solicitud del Congreso peruano para que los ayude en su lucha por la Independencia, Bolívar se traslada con sus tropas al Perú.

atalla de Junín (Perú), retratada por el pintor Antonio Herrera y Toro en 1824, fue decisiva para la campaña que terminó con la batalla yacucho (Perú). Debido a su desempeño en esta acción bélica Antonio José de Sucre obtuvo el grado de gran mariscal (51)

De la educación

Siendo la palabra el vehículo de la instrucción, es de los primeros cuidados [...] que la dicción sea pura, clara, y correcta: es decir, que no se admita barbarismos, ni solecismos; que se dé el valor a los acentos, y se llamen las cosas con sus propios nombres sin alterarlos.

"La instrucción pública", artículo periodístico de 1825.

Durante los dos primeros meses del año, en Pativilca, Perú, Bolívar sufre una enfermedad que lo obliga a guardar reposo. Con el título de Presidente-Dictador, conferido por el Congreso del Perú, triunfa en la batalla de Junín.

A finales de ese año Sucre vence en la batalla de Ayacucho a un numeroso ejército realista, por lo que recibe el título de gran mariscal de Ayacucho. Este combate sella la libertad del Perú y da fin a la Guerra de Independencia suramericana.

Saber y honradez, no dinero, es lo que requiere el ejercicio del poder público.

Las naciones se componen de ciudades y de aldeas, y [...] del bienestar de éstas se forma la felicidad del Estado.

El destino del Ejército es guarnecer la frontera. ¡Dios nos preserve de que vuelva sus armas contra los ciudadanos!

Si no hubiera un Dios protector de la inocencia y de la libertad, prefiriera la suerte de un león generoso, dominando en los desiertos y en los bosques, a la de un cautivo al servicio de un infame tirano que, cómplice de sus crímenes, provocara la cólera del cielo. Pero no: Dios ha destinado el hombre a la libertad: Él lo protege para que ejerza la celeste función del albedrío. Los príncipes flamantes que se obcequen hasta construir tronos encima de los escombros de la libertad, erigirán túmulos a sus cenizas, que digan los siglos futuros cómo prefirieron sus fatua ambición a la libertad y a la gloria.

Fragmento del *Mensaje al Congreso de Bolivia presentando su constitución*. Lima, 25 de mayo de 1826.

Boceto para una pintura de la batalla de Ayacucho realizado por Martín Tovar y Tovar (53)

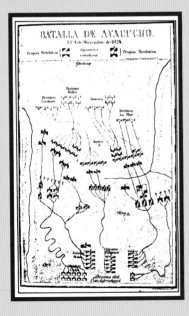

Plano de la batalla de Ayacucho (52)

Tiene 42 años cuando por voluntad de los pueblos del Alto Perú se crea una nueva república a la que se da el nombre de Bolivia en su honor. Bolívar vive una de las épocas más gloriosas al consolidarse su poder en el continente. Su fama se extiende de América a Europa, donde circulan libros y volantes que cuentan sus hazañas. Pero a medida que aumentan los territorios liberados bajo su mando, es más difícil conservar la unidad de sus repúblicas. Comienzan las confabulaciones en su contra y a favor de la disolución de la Gran Colombia: en Bogotá conspira el vicepresidente de Colombia Francisco de Paula Santander, y en Venezuela el general José Antonio Páez.

José Antonio Páez, nacido en Curpa, Portuguesa, fue conocido por su valentía y sus grandes cualidades para la guerra. Con su actuación en las diferentes batallas no sólo obtuvo todos los honores castrenses sino que logró la aceptación de los llaneros que lo llamaron el "taita de la guerra"; otros lo llamaron "centauro de los llanos", título que lo convirtió en personaje legendario (54)

Tratado firmado por México, Guatemala, Bolivia y la Gran Colombia, países participantes en el Congreso de Panamá (55)

Del gobierno y la política

Sin atender las leyes, ni constituciones, no se restablece la felicidad y la paz.

Manifiesto de Cartagena. 15-12-1812.

Huid del país donde uno solo ejerza todos los poderes: es un país de esclavos.

Discurso en el Convento de Franciscanos de Caracas, 2-1-1814.

Debido a las conspiraciones Bolívar regresa a Venezuela. Logra controlar la situación y en medio de aplausos y de vivas del pueblo entra en Caracas con Páez a su lado, en lo que será el último encuentro con la ciudad que lo vio nacer.

De vuelta a Nueva Granada, convoca la Convención de Ocaña con la intención de que los representantes de las diferentes tendencias políticas logren ponerse de acuerdo para evitar la desintegración de la Gran Colombia. Bolívar espera resultados positivos, pero la Convención fracasa, por lo que decide asumir el poder como dictador.

Meses después, en Bogotá, sufre un intento de asesinato del que lo salva Manuela Sáenz.

Miércoles 10 de enero de 1827.

El día de hoy despuntó con todo el ajetreo y preparativos para el triunfo: tambores y trompetas; el pueblo de toda clase dentro y fuera de su casa acicalándose, decorando sus ventanas y la calle, la gente vestida con sus prendas más alegres, las mansiones cubiertas con ramas y palmas entretejidas con flores y las ventanas con banderas de todos colores, y los trajes al estilo del país y con los colores de la bandera nacional, mientras cientos de personas se ocupaban de complicar los arcos de triunfo de ayer que se levantan a casi cincuenta yardas uno de otro, todos ellos con laureles y palmas enroscados. Algunos estaban drapeados con festones irisados cubiertos de lemas patrióticos sobre los últimos acontecimientos, victorias pasadas de Bolívar y Páez, y vivas a los dos en letras gigantescas por todas partes [...].

Un carruaje pequeño tirado por dos caballos, alemán, los recibió, a él y al general Páez, ambos espléndidamente vestidos con sus uniformes más elegantes. El vehículo iba inmediatamente precedido por las autoridades constituidas, rodeadas de oficiales, edecanes, etc. [...], y multitudes de gente regocijada, gritando locamente ¡viva Bolívar, viva Páez, viva Colombia! Disparando pistolas, escopetas, cohetes y haciendo otras varias demostraciones de alegría y lealtad o, mejor dicho, afecto[...]. Bolívar mantuvo un semblante solemne pero afable, inclinándose ante todos y, de vez en cuando, quitándose el sombrero. El rostro del general Páez era todo animación[...]. La procesión se dirigió a la Catedral donde se cantó un tedéum, y se pudo observar, al entrar el Presidente en la iglesia, una lágrima grande cayendo de sus ojos: en verdad sus sentimientos eran envidiables en el grande e inmortal nombre que se ha labrado.

Fragmento del *Diario de un diplomático británico en Venezuela*: 1825-1842, Sir Robert Ker Porter.

Simón Bolívar

José Antonio Páez (56)

Plaza Mayor de Caracas (57)

Manuela Sáenz de Thorne. Patriota ecuatoriana (Quito 1793-Paita, 1859) que fue amante del Libertador y su salvadora en 1828. Por esta acción recibió el título de "libertadora del Libertador" (58)

Simón Bolívar (59)

Del gobierno y la polìtica

El sistema militar es el de la fuerza, y la fuerza no es gobierno.

Carta al Canónigo Cortés de Madariaga, 23-11-1816.

El que manda debe oír aunque sean las más duras verdades y, después de oídas, debe aprovecharse de ellas para corregir los males que producen los errores.

Carta a José Antonio Páez, 19-4-1820.

Perú amenaza con tomar el territorio de la recién creada Bolivia y para impedirlo Bolívar se ve
obligado a volver al Sur. Mientras tanto se negocia establecer una monarquía para Colombia,
idea a la que el Libertador se opone, aunque no falta quien diga que él desea coronarse.

A fines del mes de noviembre, Venezuela se separa de la Gran Colombia y Páez es nombrado
jefe supremo del país.

Serían las doce de la noche, cuando latieron mucho dos perros del Libertador, y a más se oyó un ruido extraño que debe haber sido al chocar con los centinelas pero sin armas de fuego por evitar ruido.

Desperté al Libertador, y lo primero que hizo fue tomar su espada y una pistola y tratar de abrir la puerta. Le contuve y le hice vestir, lo que verificó con mucha serenidad y prontitud. Me dijo: "Bravo, vaya, pues, ya estoy vestido; y ahora qué hacemos. ¿Hacernos fuertes?" Volvió a querer abrir la puerta y lo detuve. Entonces se me ocurrió lo que le había oído al mismo general un día: -¿Usted no dijo a Pepe París que esta ventana era muy buena para un lance de éstos?... "Dices bien", me dijo, y fue a la ventana. Yo le impedí el que se botase, porque pasaban gentes, pero lo verificó cuando no hubo gente, y porque ya estaban forzando la puerta.

Yo fui a encontrarme con ellos para darle tiempo a que se fuese; pero no tuve tiempo para verle saltar, ni cerrar la ventana. Desde que me vieron me agarraron y me preguntaron: "¿Dónde está Bolívar?". Les dije que en el Consejo, que fue lo primero que se me ocurrió; registraron la primera pieza con tenacidad, pasaron a la segunda y viendo la ventana abierta exclamaron: " ¡Huyó!; ¡se ha salvado!". Yo les decía:"No, señores, no ha huido; está en el Consejo"[...].

Cuando regresó a la casa me dijo: "¡Tú eres la libertadora del Libertador!"[...].

Fragmento de una carta de Manuela Sáenz al general O´Leary. Paita, 10 de agosto de 1850.

La obra de Arturo Michelena se caracterizó por inmortalizar los grandes momentos
de la gesta independentista. El pintor retrató tanto los últimos días del Libertador como
la muerte del Gran Mariscal de Ayacucho (60)

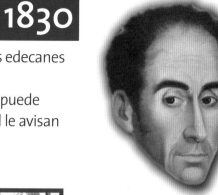

Bolívar regresa enfermo a Bogotá y renuncia a la Presidencia. Acompañado de sus edecanes y de su sobrino Fernando, quien hace las veces de secretario y enfermero, se retira a Cartagena con la intención de trasladarse a Europa, Jamaica o Curazao, pero no puede porque ha perdido todos sus bienes, nunca ha acumulado riquezas. En esa ciudad le avisan del asesinato de Sucre, una noticia que lo afecta profundamente.

Del gobierno y la política

La paz doméstica es la salud de todos y la gloria de la República.

Proclama en el Cuartel General Libertador de Puerto Cabello, 1-1-1827.

El modo de gobernar bien es el de emplear hombres honrados, aunque sean enemigos.

Carta a José Antonio Páez, 26-3-28.

En el cuadro inspirado en la muerte de Antonio José de Sucre, ocurrida el 4 de junio de 1830 en la selva de Berruecos, Colombia, se puede apreciar cómo, arriba y a la izquierda, los asesinos se ocultan entre la maleza y sólo son delatados por el humo azul que se desprende de una de sus armas. En contraposición, se puede ver cómo el mariscal se encuentra, abajo y a la derecha, inerte. Es admirable la forma en que Michelena recreó la oscuridad y la soledad de la selva que se convertiría en la tumba de Sucre.
Se presume que el crimen fue organizado por quienes pretendían la disolución de la Gran Colombia: el comandante general del Cauca José María Obando y Apolinar Morillo. Entre los opositores a la Gran Colombia también se contaban Francisco de Paula Santander, en Nueva Granada, y José Antonio Páez, en el Departamento de Venezuela (61)

Siento comunicar a usted que mi salud sigue en malísimo estado, tanto que el médico que me atiende me ha aconsejado irme de aquí, porque él no responde por mi vida si me quedo. Esto me ha determinado embarcarme por mar para Santa Marta o Cartagena, adoptando esta medida como el único recurso que me queda para ver si mejoro. Si por este medio no lo logro, ya no me queda más esperanza que irme como pueda a algún país frío donde pueda llegar, pues ya no me atrevo (ni puedo aunque hiciera el mayor esfuerzo) a hacer una marcha de dos días por tierra. Crea usted que no le exagero cuando aseguro que para subir y bajar una pequeña escalera me causa tanta fatiga como me hubiera costado en otro tiempo subir a pie el cerro más pendiente. Sólo los que me han visto pueden tener una idea del estado de flaqueza y debilidad en el que estoy.

Fragmento de una carta a Justo Briceño. Barranquilla, 24 de noviembre de 1830.

El Libertador pasará sus últimos días en la quinta San Pedro Alejandrino, en Santa Marta (Colombia), propiedad del hidalgo español don Joaquín de Mier.

Simón Bolívar después de haber abandonado obligatoriamente Venezuela se encuentra refugiado en Santa Marta. Desde el puerto de esta ciudad colombiana el Libertador añora la patria a la que nunca volverá en vida   (63)

Quinta San Pedro Alejandrino pintada por Carmelo Fernández   (62)

Llega tan enfermo que es trasladado en silla de mano hasta la habitación, donde muere de tuberculosis el día 17 de diciembre, a los 47 años de edad.

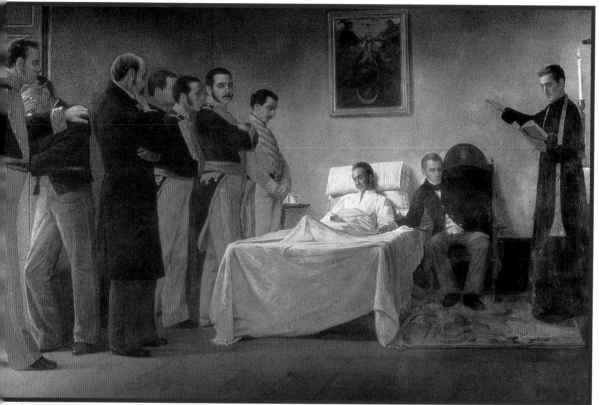

De la libertad

Yo deseo más que otro alguno ver formar en América la más grande nación del mundo, menos por su extensión y riquezas que por su libertad y gloria.

El que aspira a obtener la libertad, a lo menos lo intenta.

Carta de Jamaica, 6-9-1815.

...món Bolívar murió en la Quinta San Pedro Alejandrino, en Santa Marta, Colombia. Terminó sus días sin dinero, con su sueño de una gran república ...nericana deshecho y despreciado por aquellos a los que les otorgó la libertad (64)

Doce años después de su muerte, el gobierno venezolano, bajo la presidencia de José Antoni[o] Páez, nombra una comisión para el traslado de sus restos desde Santa Marta a Caracas, donde se rinden los máximos honores al hombre que hizo posible la libertad de América y cambió el rumbo de la historia.

A los pueblos de Colombia
  Colombianos:
Habéis presenciado mis esfuerzos para plantear la libertad donde reinaba antes la tiranía. He trabajado con desinterés, abandonando mi fortuna y aun mi tranquilidad. Me separé del mando cuando me persuadí que desconfiabais de mi desprendimiento. Mis enemigos abusaron de vuestra credulidad y hollaron lo que me es más sagrado, mi reputación y mi amor a la libertad. He sido víctima de mis perseguidores que me han conducido a las puertas del sepulcro. Yo los perdono.
Al desaparecer de en medio de vosotros, mi cariño me dice que debo hacer la manifestación de mis últimos deseos. No aspiro a otra gloria que a la consolidación de Colombia. Todos debéis trabajar por el bien inestimable de la Unión: los pueblos obedeciendo al actual gobierno para libertarse de la anarquía; los ministros del santuario dirigiendo sus oraciones al cielo; y los militares empleando su espada en defender las garantías sociales.
¡Colombianos! Mis últimos votos son por la felicidad de la patria. Si mi muerte contribuye para que cesen los partidos y se consolide la unión, yo bajaré tranquilo al sepulcro.
Simón Bolívar
Última proclama de Simón Bolívar.
Hacienda de San Pedro, en Santa Marta, a 10 de diciembre de 1830.

Los restos del Libertador son repatriados desde Santa Marta, Colombia (65)

De la libertad

La historia diría: Bolívar tomó el mando para libertar a sus conciudadanos, y cuando fueron libres, los dejó para que se gobernasen por las leyes, y no por su voluntad.

Carta a Pedro Gual, 16-9-1821.

l es triste y fatal noticia que me veo en la dura necesidad de dar a Ud. ojalá el cielo, más justo
e los hombres, echase una ojeada sobre la pobre Colombia, viese la necesidad que hay
devolverle a Bolívar, e hiciese el milagro de sacarlo del sepulcro en que casi lo he dejado.
rmítame Ud., mi respetada señora, llorar con Ud. la pérdida inmensa que ya habremos hecho,
ue habrá sufrido toda la República, y prepárese Ud. a recibir la última y fatal noticia"
gmento de la carta de Luis Perú de Lacroix a Manuela Sáenz   (66)

Cortejo fúnebre del Libertador   (67)

Testimonios

Lunes 10 de diciembre de 1827

Bolívar se cortó los bigotes al regresar a Colombia el año pasado y se afeitó las patillas casi completamente. Le pregunté por qué lo había hecho y me contestó porque estaba encaneciendo rápidamente. Sólo tiene 43 años, pero como observa el señor Proctor, es cierto que tiene la cara bien arrugada por el cansancio y la ansiedad, que también han empezado a blanquear prematuramente sus rizos así como a desnudarle la frente.

Fragmento de *Diario de un diplomático británico en Venezuela*: 1825-1842, Sir Robert Ker Porter.

Jueves 11 de enero de 1827

Es más bien de baja estatura, muy delgado y de aspecto frágil; de tez oscura, cetrina; buenos ojos oscuros y penetrantes, una expresión de solemne reflexión; no sonríe pero posee una dulce tranquilidad y bondad en su comportamiento.
Buena frente, más bien despoblada de cabello, lo que añade mucho a su expresión general.
Parece tener más de cincuenta años, pero no pasa de los 44 ...

Fragmento de *Diario de un diplomático británico en Venezuela*: 1825-1842, Sir Robert Ker Porter.

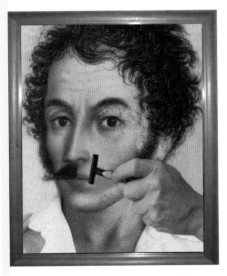

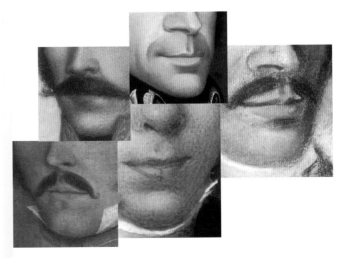

En efecto, Bolívar posee en grado sumo esa extraña cualidad de ser irresistiblemente agradable, haciendo que los otros se sientan de igual manera consigo mismos. El semblante de Bolívar no es el que se entiende por el término de "buenmozo", pero opino que es completamente imposible detenerse en sus facciones, atrapar la sonrisa que ilumina cada línea del rostro más intelectual que yo haya contemplado nunca... y no sentir una indefinible fascinación. En sus maneras él es un caballero refinado, sin rival en amabilidad, y su mirada tiene una expresión espiritual y una energía que excede el arte de representar del hombre. Su estatura es más baja que la media pero su figura es proporcionada, y su pie y tobillo muestran perfecta simetría y belleza. Por ningún otro hombre hasta hora, excepto por mi propio querido William, habría yo sido más franca, pero es que la naturaleza ha sido tan generosa en sus dones para con "él", que no deja posibilidad ni para una chispa de envidia debido a la admiración que se le confiere al más ilustre hombre de la época.

Carta de Mary Greenup, escrita entre septiembre y octubre de 1827.

Es un hombre bajito y delgado, con apariencia de gran actividad personal; tiene la cara bien formada, pero con arrugas de fatiga y ansiedad. El fuego de sus ojos rápidos y negros es notable. Lleva grandes mostachos y tiene el pelo oscuro y rizado. Después de verle en muchas oportunidades, puedo decir que nunca encontré una cara que diera una más exacta idea de un hombre. El arrojo, la iniciativa, la intriga, la orgullosa impaciencia y un espíritu perseverante y decidido, quedan claramente señalados por su semblante y expresados por cada movimiento de su cuerpo. Su vestido es simple aunque militar. Llevaba como de costumbre una guerrera azul y calzón con botas que llegaban más arriba de la rodilla.

Narrativa de un viaje a través de los Andes, Robert Proctor. Lima, 1823.

El 31 de marzo último llegó Su Excelencia a este pueblo. Pasado el almuerzo fue a ver la casa de su alojamiento, y se trasladó a ella así que comió. Su comitiva se reduce al secretario, un cirujano, y dos o tres coroneles; el mayordomo, y los sirvientes de color. No usa otro traje que el de paisano; sombrero alón de paja, chupa azul de mal paño y bota fuerte; así sale a la iglesia, al paseo, a la casa del cura, y así se presentó en los únicos tres bailes que ha permitido, más por la satisfacción de la compañía que por la propia. No se le ha visto bastón, ni espada, ni jinetes, ni otra insignia que le distinga del común de los ciudadanos. Come por precisión y no por regalo, y esto en solas dos mesas: la del almuerzo es a las nueve, y no pasa de una colación moderada; la otra a las cuatro de la tarde, en que se cubre el mantel decentemente; pero Su Excelencia omite muchos guisados y apenas aprueba los otros. Nada de dulces y postres, y mucho menos de vinos y resolis; más bien prueba la chicha, y más come plátanos y arepas que pan. La elegante sopera que ocupa el primer puesto es el sancocho de hartón, yuca, carne y caldo al uso venezolano. Con esta refección lo pasa hasta el otro día. Sus marchas de Bogotá a Bucaramanga han sido siempre a las seis; y si alguna vez el hambre hacía su oficio le han visto entretenerla, en las paradas de tres o cuatro leguas, con guayabas al coger, con batatas cocidas y con plátano maduro. Nunca le ha gustado el tabaco, ni en polvo ni en humo. Su ocupación, su descanso y entretenimiento es el despacho de los voluminosos paquetes que diariamente le llegan; y cuando todo está concluido toma el caballo para dar un paseo que fenece con el día. La noche la pasa en tertulia con sus pocos confidentes; se tocan en ella muy selectas especies de literatura, táctica y política.

Fragmento de un artículo periodístico aparecido en *El colombiano de Guayas*. Ocaña (Colombia), 21 de mayo de 1828.

La actividad de espíritu y aun de cuerpo es grande en el Libertador y lo mantiene en una continua agitación moral y física: el que lo viere y observare en ciertos momentos, sin conocerle, creería ver a un loco. En los paseos a pie que hacemos con él, su gusto es, algunas veces, caminar muy a prisa y tratar de cansar a los que le acompañan; en otras ocasiones se pone a correr y a saltar, tratando de dejar atrás a los demás: los aguarda entonces y les dice que no saben correr. En los paseos a caballo hace lo mismo. Pero todo esto sólo lo practica cuando está solo con los suyos y no correría a pie ni daría sus brincos si pensara ser visto por algún extraño. Cuando el mal tiempo impide aquellos paseos, Su Excelencia se desquita en su hamaca, meciéndose con velocidad, o se pone a pasear, a grandes pasos, en los corredores de la casa, cantando algunas veces, otras recitando versos o hablando con los que pasean con él. Cuando discurre con alguno de los suyos, tan pronto muda de conversación como de postura; parece entonces que no hay nada de seguido, nada de fijo en él. ¡Qué diferencia hay en ver a Su Excelencia en una reunión particular, en una concurrencia de etiqueta, y verlo entre sus amigos de confianza y sus edecanes! Con éstos parece igual a ellos, parece el más alegre y algunas veces el más loco. En tertulia particular con gente extraña y de menos confianza, tiene la superioridad sobre todos por sus modales fáciles, agradables y de buen gusto, por lo vivo e ingenioso de su conversación y por su amabilidad. En una reunión de más etiqueta, su dignidad sin afectación sobresale; su tono de hombre de mundo, sus modales distinguidos lo hacen pasar por el más caballero y por el hombre más instruido y más amable de todos los de la concurrencia.

La cólera del Libertador es siempre poco duradera: algunas veces es ruidosa, otras silenciosa y en este último caso dura más y es más seria: en el primero la descarga sobre algún criado de su casa regañándolo, o echando a solas algunos Cxxxx.

A veces, sin estar colérico, Su Excelencia es silencioso y taciturno: entonces tiene algún pesar, o proyecto en la cabeza, y hasta que no haya tomado su resolución, que comúnmente es pronta, no se le pasa el mal humor o la inquietud que manifiesta tener. En todas las acciones del Libertador y en su conversación se ve siempre, como he dicho, una extrema viveza: sus preguntas son cortas y concisas; le gustan contestaciones iguales y, cuando alguno se sale de la cuestión, le dice, con una especie de impaciencia, que no es eso lo que ha preguntado: nada de difuso le gusta. Sostiene con fuerza, con lógica y casi siempre con tenacidad su opinión: cuando llega a desmentir algún hecho, alguna cosa, dice: "No, señor, no es así, sino así..." Hablando de personas que no le agradan y que desprecia, se sirve mucho de esta expresión: "Aquel o aquellos Cxxx". Es muy observador y nota hasta las más pequeñas menudencias: no le gusta el mal educado, el atrevido, el hablador, el indiscreto y el descomedido; y, como nada se le escapa, tiene placer en criticarlos, ponderando siempre un poco aquellos defectos.

El Libertador se viste bien y con aseo: todos los días o por lo menos cada dos días se afeita, y lo hace él mismo: se baña mucho, cuida de sus dientes y pelo. En esta villa va siempre vestido de paisano. Las botas altas, o a la escudera, son las que usa con preferencia: su corbata es siempre negra, puesta a la militar, y no lleva sino chaleco blanco de corte militar, calzones de igual color, levita o casaca azul, sombrero de paja.

Su Excelencia es ambidextro: se sirve con la misma agilidad de la mano izquierda que de la derecha;

lo he visto afeitarse, trinchar y jugar al billar con ambas manos, y lo mismo hace con el florete, con el que juega muy regularmente, pasándolo de una mano a la otra. He sabido que en algunos encuentros repentinos en que se ha hallado envuelto ha peleado con ambas manos y que, teniendo la derecha cansada, pasaba el sable a la izquierda. Su primer edecán, el General Ibarra, me ha asegurado haberlo visto obrar así en unas refriegas que hubo en la derrota de Barquisimeto en noviembre del año trece, que fue la primera que había tenido el Libertador, y en la de La Puerta del año catorce.

El Libertador no fuma ni permite que se fume en su presencia: no toma polvo y nunca hace uso de aguardiente u otros licores fuertes. En el almuerzo no toma vino ni tampoco se pone en su mesa dicha bebida, a menos de un caso extraordinario. En la comida toma dos o tres copitas de vino tinto de Burdeos, sin agua, o de Madera, y una o dos de champaña. Muchas veces no prueba el café. Come bastante en el almuerzo como en la comida y hace uso de mucho ají o pimienta, pero prefiere lo primero. Me acuerdo de un cuento que nos refirió respecto del ají: "En el Potosí, nos dijo un día el Libertador, en una gran comida que me dieron y en la que se gastaron más de seis mil pesos, se hallaban muchas señoras; reparé que varias de ellas y particularmente las que estaban a mi lado, no comían porque todo les parecía sin sabor, a causa de que no se había puesto ají en los guisados, como es costumbre hacerlo en aquel país, por miedo de que a mí no me gustara; yo pedí entonces y al momento se puso ají en toda la mesa y todos comieron con mucha gana: vi algunas señoras que lo comían solo con pan". El Libertador come de preferencia al mejor pan la arepa de maíz: come más legumbres que carne: casi nunca prueba los dulces, pero sí muchas frutas. Antes de sentarse a la mesa pasa siempre una revista disimulada de ella, haciendo componer lo que no halla en orden. Le gusta hacer la ensalada y tiene el amor propio de hacerla mejor que nadie: dice que fueron las señoras quienes le dieron ese saber en Francia.

He dicho ya que el Libertador sabe tomar un tono de dignidad, de que se reviste siempre que se halla con personas de poca confianza, o más bien con las que no están en su familiaridad, pero del que se desembaraza cuando está con los suyos. En la iglesia se mantiene con mucha decencia y respeto y no permite que los que van con él se aparten de esa regla. Un día notó que su médico el Dr. Moor, estando sentado tenía una pierna encima de la otra, y le hizo decir con un edecán que era indecente el cruzar las piernas en la iglesia y que viera cómo él tenía las suyas: lo que Su Excelencia ignora, estando en misa, es cuándo debe ponerse de rodillas, tenerse en pie y sentarse: nunca se persigna: algunas veces habla con el que está a su lado, pero poco y muy pasito.

Las ideas del Libertador son como su imaginación, llenas de fuego, originales y nuevas: ellas animan mucho su conversación y la hacen muy variada. Es siempre con un poco de exageración como Su Excelencia alaba, sostiene o aprueba alguna cosa; lo mismo sucede cuando critica, condena o desaprueba. En sus conversaciones hace muchas citas, pero siempre bien escogidas y propias del objeto. Voltaire es su autor favorito y tiene en la memoria muchos pasajes de sus obras, tanto en prosa como en verso. Conoce todos los buenos autores franceses, que sabe apreciar y juzgar: tiene algún conocimiento general de la literatura italiana e inglesa y es muy versado en la española. Es mucho el gusto del Libertador de hablar de sus primeros años, de sus primeros viajes y de sus primeras campañas: de sus antiguos amigos y de sus parientes. Su carácter y su espíritu son más para la crítica que para el elogio; pero nunca sus críticas o sus elogios carecen de fundamento y de verdad: sólo pueden tacharse algunas veces de un poco de exageración. No he oído todavía salir una calumnia de la boca de Su Excelencia: es amante de la verdad, de la heroicidad, del honor, de las consideraciones sociales y de la moral pública: detesta y desprecia todo lo que sea opuesto a tales grandes y nobles sentimientos.

Diario de Bucaramanga, de Luis Perú de Lacroix.
29 de mayo de 1828

Lista de Imágenes

Salvo mención en contrario, las imágenes provienen del archivo gráfico del diario *El Nacional*, mientras que la ubicación de las obras, se indica con las siguientes siglas:
AEN: Archivo El Nacional
AML: Alcaldía del Municipio Libertador
BN: Biblioteca Nacional
CNL: Casa Natal del Libertador
FJB: Fundación John Boulton
GAN: Galería de Arte Nacional
MB: Museo Bolivariano
MRE: Ministerio de Relaciones Exteriores
PFL: Palacio Federal Legislativo

Bibliografía

Bolívar, Simón. *Doctrina del Libertador*. Biblioteca Ayacucho. Caracas. 1976.

——————— *Simón Bolívar. Estaré solo en medio del mundo*. Selección y prólogo de Edgardo Mondolfi. Los Libros de El Nacional. Caracas. 1999.

C.A. Editora El Nacional y Fundación Polar. *Historia de Venezuela en imágenes*. Caracas. 2000.

Díaz Sánchez, Ramón. *Bolívar el caraqueño*. Publicaciones Españolas. Caracas. 1980.

Fundación Polar. *Diccionario de Historia de Venezuela*. Segunda edición. Caracas. 1987.

Larrazábal, Felipe. *Bolívar*. Gobernación del Distrito Federal. Ediciones de la Comisión del Bicentenario del Nacimiento del Libertador. Caracas. 1983.

Lecuna, Vicente (compilador y notas). *Simón Bolívar. Obras Completas*. Ministerio de Educación Nacional de los Estados Unidos de Venezuela. Impreso en La Habana por editorial Lex. 1947.

Liévano Aguirre, Indalecio. *Bolívar*. Ediciones de la Presidencia de la República y de la Academia Nacional de la Historia. Caracas. 1988.

O´Leary, Daniel Florencio. *Memorias del General O´Leary*. Ministerio de la Defensa. Caracas. 1981.

Perú de Lacroix, Luis. *Diario de Bucaramanga*. Comité Ejecutivo del Bicentenario de Simón Bolívar. Caracas. 1982.

Picón-Salas, Mariano. *Simón Rodríguez*. Los Libros de El Nacional. Venezuela. 2002

Porter, Sir Robert Ker. *Diario de un diplomático británico en Venezuela: 1825-1842*. Fundación Polar. Caracas.1997.

Rumazo González, Alfonso. *Grandes Biografías*. Tomo I. Ediciones de la Presidencia de la República. Caracas. 1993.

Vawell, Richard. *Campañas y cruceros*. Biblioteca de la Academia Nacional de la Historia. Caracas. 1973.